Armin Sengbusch
Mitten im Licht

Armin Sengbusch

Mitten im Licht

Slam Poetry und Bühnentexte

Bibliografische Information der Deutschen Nationalbibliothek
Die Deutsche Nationalbibliothek verzeichnet diese Publikation in der
Deutschen Nationalbibliografie; detaillierte bibliografische Daten
sind im Internet über http://dnb.dnb.de abrufbar.

Herstellung und Verlag: Books on Demand GmbH, Norderstedt

ISBN: 9783848258598

Für die Faszination an sich

Inhalt

Wenn alles so einfach wäre,
wie ich es mir ausdenke,
dann säßen wir alle am
Küchentisch und lachten,
statt allein an den
Schreibtischen.

Müll

Mein Mülleimer ist voll. Ich will das ändern. Ich will den Müll nach draußen bringen, aber ich vergesse es. Immer wieder. Das geht noch bis zum nächsten Jahr so weiter. Und Silvester schreibt man mit »i«, denke ich. Mit »i«, verdammt. Auch schon vor der Rechtschreibreform. Angeblich soll der Mann hochintelligent sein, der Sylvester Stallone. Mit Ypsilon. Aber warum macht er so hirnlose Filme? Immerhin hat er es so zu etwas gebracht. Meine Freundin beklagt sich immer darüber, dass ich wieder nichts mitgebracht habe. Ich habe zu viele Allergien gegen Pollen, Blumen und Geschenke mag ich nun mal nicht, ich will auch nichts bekommen, das ist einfach nicht meine Welt, ich will einfach nur die Gedanken der anderen und ein Gedanke der anderen sein. Dann kann ich gehen und danken. Aber Dank und Respekt sind so rar gesät wie Frieden, der ja angeblich ohne Waffen gar nicht funktioniert. Es gibt schon genug Waffen, warum brauchen wir mehr, frage ich mich und dann fällt mir der Müll ein, der mit einer M16 oder einer Bazooka gut beseitigt werden könnte. Vielleicht auch mit einem Flammenwerfer. Ich müsste ihn aber dennoch nach draußen bringen, das lässt sich nicht ändern. Wenn der Müll und die Tonne brennen, dann sollte es aber auch schon Winter sein und wir stehen alle um diese Tonne herum, rösten Würstchen und Marshmellows. Dabei bin ich Vegetarier und mag die USA nicht. Das Land mag ein schönes sein, aber ich fürchte mich vor den Menschen dort. Im Grunde genommen fürchte ich mich vor allen Menschen, weswegen ich am liebsten von Außerirdischen abgeholt werden möchte. Irgendwann kommen sie, denke ich dann immer, irgendwann kommen sie und holen mich ab. Aber bislang war noch niemand da. Der Müll wird immer dienstags abgeholt, die kommen mit dem großen Wagen und nehmen nur die Tonnen, die direkt an der Straße stehen. Dicke Männer, die da auf den Trittbrettern stehen. Früher hieß es mal, das seien alles Ausländer und so fragte ich sie mal nach ihrer Staatsbürgerschaft. Alles Deutsche, die da den Müll wegbringen, vorher noch nach Kuscheltieren gucken und sie an den Wagen hängen. Aber es ist wie immer, wenn jemand anders ist, dann wird er kritisch beäugt, die Geschichte lehrt eben gar nichts. Wenn sie das täte, dann gäbe es keine Kriege, keine Flammenwerfer, und mein Müll wäre schon längst auf der Straße. Hartes Pflaster, nicht nur für Prostituierten, die sich ihren Lebensunterhalt verdienen und dabei schwere Arbeit verrichten. Männer, die seltsam riechen. Und alt sind. Und einsam. Ich könnte das nicht, auch wenn ich immer Callboy werden wollte. Wegen des Geldes. Aber Zahlen sind nicht meine Welt. Faszinierend. Sagt Mister Spock. Auf der Suche nach fremden Galaxien mit diesem dicken William Shattner, der später immer ein Korsett trug, damit niemand den gewachsenen Leibesumfang sah. Aber es sahen ja doch alle. Ein Korsett ist so unsinnig, wie seinen Kopf mit einem Toupet zu verzieren. Ich kenne keinen Kopf, der dadurch wirklich gewonnen hätte. Mut zur Lücke, denke ich, Mut zum Verlust. Dabei geht es immer um das Gewinnen, das ist es, was die Menschen antreibt und gerade Männer führen Listen, Tabellen, um zu sehen, wer oben und wer unten ist. Wichtig so etwas. Ich bin am liebsten unten. Nicht nur beim Sex, da bin ich vermutlich keine Ausnahme, ich bin am liebsten sozial ganz unten, da kann ich mehr sehen. Oben wird die Luft dünn, das Leben ist einsam und die Freunde mehr. Scheinbar. Oder anscheinend. Wer kann das schon trennen. Ich trenne den Müll, ich habe einen gelben Sack und schmeiße alles hinein. Das muss immer alles schnell gehen. Alles muss schnell gehen. Bei den anderen Menschen auch. An den Fußgängerampeln drücken sie auf den Kopf. Immer wieder, auch wenn das Licht »Signal kommt« schon längst leuchtet. Und immer das Hupen. Sie kommen alle immer zu spät. Zu spät zur Arbeit, die sie nicht mögen und dann zu spät in das Zuhause, wo ein Mensch wartet, den sie nicht mehr lieben. Ich liebe meine Katze, aber die ist längst tot. Ich glaube, sie ist verbrannt worden, ich wollte die Details nicht wissen. Eingeäschert. Viel bleibt da nicht zurück. Das geht sicher schnell, bestimmt nicht einzeln, sondern im Verbund. Zwei Katzen, drei Hunde und 17 Meerschweinchen, vielleicht noch eine Maus. Fump. Und dann ist da Asche. Zum Düngen. Oder für den Winter zum Streuen. Mir kommt der Schnee immer gelegen, ich mag das Weiß, dann wirkt alles so friedlich. Und wenn ich dunkle Flecken sehe, dann denke ich jetzt immer, dass das auch meine Katze sein könnte. Zum Beispiel. Vielleicht ist das auch verbrannter Müll, ich habe keine Ahnung, was die zum Streuen benutzen. Irgendeine Chemie-Scheiße. Alles Mist. Diese Tütensuppen machen mich immer müde, denke ich. So wie das Essen beim

Chinesen. Am Glutamat soll es angeblich nicht liegen, sagte mir ein Physiker. Glutamat soll ein Grundbaustein des Menschen sein, und dagegen allergisch zu sein, hieße, gegen sich selbst allergisch zu sein. So ungefähr. Wobei ich ihn gar nicht gefragt habe, was er als Physiker von Ernährung versteht. Ich ernähre mich einfach nur schlecht. Im Grunde trinke ich nur viel. Fruchtsäfte und Eistee. Wenn die Jungs von der Bild-Zeitung meinen Müll durchsuchen würden, um mehr mich herauszufinden, dann fänden sie nur drei Sorten von Packungen, wobei der Cappuccino wirklich selten geworden ist. Wegen der Milch, ja, ja, wegen der Milch. Seit Monaten gibt es nun nur noch Soja, alles eine Frage der Gewöhnung. Ich esse ja auch kein Fleisch mehr. Man gewöhnt sich an alles. Irgendwann. Ich habe mich auch schon an den Müll in der Wohnung gewöhnt. Den Geruch nehme ich nicht mal mehr wahr. Es ist aber auch nicht alles wahr, was man über den Müll oder über mich hört und trotzdem glauben die Menschen es. Ich glaube auch alles, wenn man es mir persönlich sagt, persönlich, persönlich, das ist vermutlich der Unterschied. So wie sich Frauen und Männer unterscheiden. Ein Mann, ein Wort, eine Frau, ein Wörterbuch. Sagen die

Türken. Dabei bin ich aus Pakistan, aber ich bringe keinen Müll weg. Nicht mal meinen eigenen. Das war mal geistreich, denke ich und bei geistreich fallen mir die Frauen ein, die ich mal kannte. Die, die reich im Geiste waren, mit denen konnte ich mich unterhalten. Nur, dass sie mich nicht unterhalten wollten. Oder konnten. Ein Dilemma. Eine Putzfrau wäre schön. Intelligent und fleißig sollte sie sein. Das Thema Müll hätte sich dann auch erledigt, aber für so etwas habe ich kein Geld. Ohne Geld gibt es keine Alternativen, da ist alles Schrott, da ist alles Müll, jeder Gedanke und jede Idee. Und vermutlich, denke ich, vermutlich bin ich der größte Haufen Müll, aber ich weigere ich nachhaltig, mich rauszubringen. Das sollen andere übernehmen. Denn irgendwann, irgendwann, denke ich, irgendwann kommen sie und holen mich ab.

Der siebte Versuch

Sieben Mal begonnen, sechs Mal Worte und Gedanken gelöscht, beim siebten Versuch nachgegeben und geseufzt. Dann wieder den Kopf geschüttelt, als gehöre es dazu und mit gesenkten Gedanken nach dem Licht gesehen, das da irgendwo sein soll. Wenn du blind wärest, dann ergäbe das zumindest einen Sinn, wenn du taub wärest, dann hörtest du deine Schreie nicht. Sie sagen, dass das nur eine Phase sei, so wie damals, als du Schwarz trugst, als du nichts anderes sehen konntest. Aber du trägst auch heute noch Schwarz, weil dir danach ist. Phasenphrasen. Da gibt es Menschen, die stellen ihre Salzstangen in Gläser und du hast nicht einmal ein Glas. Da gibt es Menschen, die lachen über Witze und du verstehst die Welt nicht. Da gibt es Menschen, die gehen unter Menschen und du gehst unter ihnen unter.

Auch den siebten Versuch streichst du wie dein Zimmer, alles in Weiß und alles gleich, so auch in deinem Kopf. In ein paar Minuten hängen dort wieder die Bilder, von denen du nicht weißt, wer sie aufbewahrt hat. Und immer diese Dunkelheit in all dem Weiß. Du sollst mal lachen, sagen sie dir und du sagst, dass du das tun wirst, wenn die Zeit dafür gekommen ist, wenn es etwas zum Lachen gibt. Bewundernswert diese Menschen, die spielen, um zu spielen, die arbeiten, um zu arbeiten und die lachen, um zu lachen. Als ob es keinen Sinn für das alles gäbe. Der achte Anfang ist nur ein Schein, der neunte ein Schimmer und als es zweistellig wird, bleibst du einfach liegen. Dort, wo du hingehörst, dort wo alles leicht ist, obwohl Blei so schwer wiegt. Niemand sagt einem Beinamputierten, er solle doch mal spazieren gehen, aber du sollst einfach mal lachen. Und jetzt musst du lachen und weißt gar nicht, warum das so ist.

Du hast aufgehört, zu zählen. Die Versuche sind so endlos wie das Scheitern, das immer am Ende steht. Und wenn es am Ende steht, dann kann man es auch an den Anfang setzen und auf den Weg dazwischen pfeifen. Wenn es einen Weg gibt. Du siehst dich um und dann in dich hinein und stellst fest. Irgendetwas. Aber das ist nicht wahr, weil sich ja doch alles ändert. So viele hier mit dir in diesem Raum, sie reden von Freundschaft und reden doch gar nichts. Freunde sind anders, denkst du dir, Freunde sind da und nicht hier. Aufmerksam verfolgst du gar nichts, auch wenn es so aussieht. Du gibst dir immer noch Mühe, so zu wirken, als wäre alles in Ordnung und du ein stiller Mensch. Stille Wasser laden zum Ertrinken ein. Die anderen um dich herum blubbern fortwährend, so als hätten sie den Mitteilungssaft mit Kohlensäure erfunden. Niemand beachtet dich, sie lassen dich in Ruhe, weil sie mit deinen Sätzen nichts anfangen können. Du kannst damit auch nichts anfangen, du weißt oft gar nicht, was du da sagst, du kannst mit dir selbst nichts anfangen, und wenn du wie die anderen blubberst, dann füllst du nur die Stille zwischen dir und der Welt und fühlst sie nicht. Deswegen bleibst du still.

Der siebte Versuch war gar nicht so schlecht, denkst du und versuchst dich daran zu erinnern. Das zu tun, was du auch in dem Moment getan hast, könnte helfen. Aber nichts hilft. Es ist wie die Suche nach einem Nebelschwaden in einer Wolke: Du weißt, dass er da irgendwo ist. Der siebte Versuch, es ist eine gute Zahl gewesen, aber jetzt ist sie Vergangenheit. Noch einmal von vorn, am besten noch einmal alles von vorn. Du würdest gern etwas sagen, etwas, das den Fluss unterbricht und etwas, das gehört werden muss, weil es wichtig ist. Aber niemand hört dir zu, wenn du nicht witzig bist und wenn du nicht witzig bist, dann macht jemand einen Scherz über das, was du ernst gemeint hast. So ist die Welt, sie will lachen und das gehört nun einmal dazu. Frohsinn, Äpfel, Volksfeste, Bier, Fernsehen, Konsum und Autos – all davon hast du keine Ahnung und fühlst dich fremd in dieser Welt. Um dich herum reden sie von diesen Dingen, du denkst an den Mond und einen Mann, der einsam sein muss. Da oben oder hier unten.

Der siebte Versuch. Es ist, als ob du etwas verloren hättest. Dich selbst schon seit Langem, jetzt auch den Anschluss und den roten Faden, der sich durch alles ziehen soll. Du beißt dir auf die Lippen und begibst dich auf die Suche in dir. Eine Rückholaktion der besonderen Art, fast wie in einem Film, fast wie eine Zeitreise. Du hattest etwas sagen wollen, da war dieser Satz, der gepasst hatte, er war zu mächtig, um ihn auszusprechen, aber er war zu wichtig, um vergessen zu werden. Und als du ihn findest, dann nickst du langsam, weil du stolz auf dich bist. Nichts geht verloren. Noch immer sitzen sie da und reden, um dich herum und auch in dir. Welche Stimmen nun wohin gehören, das weißt du nicht, das ist auch egal. Schließlich sagst du: »Mit Liebe lässt sich alles lösen.« Und dann lächelst du. Für einen Moment herrscht Stille. In der Küche der Wohngemeinschaft ist selbst der Kühlschrank mit den restlichen Partygästen verstummt und auch in dir ist es ruhig geworden, so als stündest du abseits irgendwo auf einem Friedhof in der Provinz. Dann das Gelächter und die Stimme eines Anführers, einer der Menschen, die sagen, was richtig und was falsch ist, während es andere auch noch glauben. Dieser Mann spottet: »Klar, ich liebe ja auch meine Aktien, wenn sie steigen.« Wieder dieses Lachen. Woher es kommt, weißt du nicht. Vielleicht lachst du selbst.

Du schließt die Augen und nickst. Sieben war schon immer eine schlechte Zahl, die Fünf hat Charakter, sie ist rund und glatt und passend, sie hält allem stand und sie steckt tief in dir. Der fünfte Gedanke des Abends war, einfach wieder nach Hause zu gehen, dessen bist du dir sicher. Umdrehen wirst du dich nicht, du kennst hier niemanden, niemand kennt dich. Das ist dein Leben in der Fremde, das niemanden interessiert, weil die Welt schöne Geschichten hören will.

Aber in dir, da ist es schön.

Das Leben ist eine
Ansammlung von
Antworten, zu denen die
Fragen fehlen.

Geld

Als ich kleiner war und es weder off- noch online gab, da schrieb ich meine Sätze auf Denkzettel, die ich anderen überreichte. Kurz: Ich kritzelte Nachrichten auf Geldscheine. Es war meine Form der Gewalt, die ich dem Regime entgegenwarf, nicht mit Pflastersteinen, aber lautlos verbal. Für mich war das der perfekte Weg, um einen Anfang zu machen, weil in meinen Augen die Welt am Abgrund war, ich wollte die Zahlen entmachten und dafür sorgen, dass es eine stille Revolution gab.

Gut, ich war gerade mal neun Jahre alt und mich nahm wohl niemand wahr, wenn ich auf Banknoten krakelige Sätze schrieb, wie: »Geld ist doch egal.« Später hinterließ ich sogar meine Telefonnummer und den Satz: »Wenn du einsam bist, sind wir schon zu zweit am Platz.« Niemand meldete sich, was vielleicht auch an meiner Handschrift lag, die weder ausgereift noch leserlich war. Aber ich bekam schon bald eine Schreibmaschine, auf der ich emsig tippte und Briefe an die Welt verschickte, in dem ich die Zettel in Flaschen stopfte, sie in die Elbe warf und auf einen Empfänger und eine Antwort hoffte. Nachdem auch das ohne Ergebnis blieb, geschah es, dass Computer in mein Schaffen hielten. Ich begann plötzlich in Bits und Bytes zu denken, war bereit mir das Hirn zu verrenken, um Zahlen aneinanderzuketten und berechnete in kleinen Schritten, wie man Schiffe versenkte. Mittlerweile kalkulieren ganz andere Maschinen und Kisten, wie man Menschen am besten und vollständig vernichtet. Ich glaube, das nennt man Fortschritt in der Geschichte.

Die Computer entwickelten sich weiter und ich ging mit ihnen durch Zeiten, die damals noch futuristisch erschienen, aber heute milde belächelt werden. Ich hatte 1,44 Megabyte Disketten zur Datenrettung, jetzt ist die Welt im Internet und das Leben steckt voller Pixel und Emails, wir haben virtuelle Festplatten, lesen Spams statt Worte des Gefühls. Doch das von vielen verhasste Facebook ist für mich die Kneipe, die es in meinem kleinen Dorf niemals gab, ein Ort, wo man sich trifft, die Zeit vergisst und sich mitteilen kann. Freundschaften zu kündigen, geht auch einfacher als in der Realität, weil Abschied nur mit einem Klick einhergeht. Und wer lästert über Twitter? Es ist das Sprachrohr für all die namenlosen Poeten, deren Sätze sonst noch immer versteckt an irgendwelchen

Hirnwänden klebten. Deshalb reihte ich mich früh zwischen ihnen ein, tippte Sätze wie »Zweisamkeit ist keine Heilung für die Einsamkeit«. Doch all diese Nachrichten sind wie Regen auf dem Meer: Sie gehen unter, ohne dass sie irgendjemand bemerkt.

Aber. Wir sind alle miteinander verbunden, das waren wir schon vor dem Internet, weil es bei einer Kugel wie der Erde nun mal keine Ecken gibt und sich der Kreis immer schließt, auch wenn man es nicht will und die Schuld immer auf andere schiebt. Wir haben uns technisch weit entwickelt, sind aber menschlich noch immer verkrüppelt.

Manchmal denke ich, dass wir das alles gar nicht wollten und auch nicht brauchen, dass wir uns stattdessen alle in meiner Küche treffen sollten und einen Joint rauchen und die Welt in all ihrer Hektik belächeln, weil man sie vermutlich nur durch Gelassenheit rettet. Und dann denke ich, dass ich gern wieder mit Geldscheinen bezahlen möchte, statt eine Plastikkarte zu besitzen, die mir keinen Wert vermittelt, aber für alles gut ist und mir suggeriert, dass mein Name irgendetwas bedeutet, mich aber nur zu einer Drohne macht, die viel Zeit mit dem Gedanken an Kaufen vergeudet. Ich kann alles bezahlen, aber ich besitze doch nichts, nur meine Ideen und ein bisschen Wortwitz. Aber meine Sätze sind heute länger, sie passen nicht mehr auf einen Geldschein, der gar nicht mehr das wert ist, was die Bank über ihm meint. Und für mich ist der Euro nur die halbe D-Mark, auch wenn man nicht zurückrechnen darf.

Doch nach all den Jahren weiß ich jetzt wieder, dass ich die Zahlen einfach nicht liebe. Ich schreibe wieder Sätze in Augenhöhlen und Herzkammern, ich ritze sie in Gedankengänge und in LKW-Planen, aber ich kritzle sie auch wieder auf Banknoten, wenn ich mal welche habe, weil Geld noch immer das Symbol der Macht ist und wir sind sein Sklave. Für mich ist die Welt noch immer am Abgrund, viel weiter, als sie es jemals war. Uns retten keine Zahlen, sondern ein wacher Verstand und ein Plan, der alle begreifen lässt, dass nicht die Gier die Menschen am Leben hält, sondern schlicht und ergreifend nur die Liebe zählt. Und wer das jetzt für kitschig hält und spöttisch lächelt, dem wünsche ich keine Gefühle, aber jede Menge Geld.

Randgruppe

»You may say, I'm a dreamer
but I'm not the only one.«*

Im Gepäck meine Träume schreite ich durch Bäume, die rechts und links den Wegrand säumen. Ich bin immer noch hier um die Welt zu retten, wenn auch nicht freiwillig, denn ich fühle mich angekettet, habe mich verzettelt und bei den Göttern gebettelt, mich von hier wieder fortzulassen. Es erreichen mich ständig bodenständige Mahnungen, da warten windige, aufwändige wendige Warnungen, doch ich bin nun mal hier gelandet, gestrandet, versandet wie Treibgut, habe in der Mitte meines Lebens als Lebensmittel nur Liebe und Schreibwut. Zerfetzt von Zorn und Neid, doch durchsetzt von Demut und Gelassenheit habe ich mir selbst ein Versprechen gegeben, das Leben zu ehren und etwas zu bewegen, das den Planeten überleben und mich in Frieden sterben lässt.

Für viele ist das Unsinn, Irrsinn und mein Starrsinn grenzt für sie an Wahnsinn, weil ich immer noch an das Gute in den Seelen glaube, obwohl Menschenrechte verwesen und mir Menschen Rechte verlesen, die mich meiner Freiheit berauben. Da gibt es Personen, die irgendwo wohnen und die behaupten, ich sei ein Blender, ohne meine Worte und die Gedanken dahinter zu kennen. Da gibt es Damen und Herren, die wollen mich einsperren, weil meine Gedanken zu weich, mein Wortreich zu seicht und mein Wissen nicht bis zu ihrem Horizont reicht, denn sie haben Bücher erkundet und die Welt umrundet, haben diskutiert und studiert, ihre Kindheit kuriert und ihre Stärken sublimiert. Ich gestehe, ehe versehentlich mich jemand fragt, dass ich von weltlichen Dingen gar keine Ahnung hab'. Da sitzen Menschen wie Affen in Cafés, nippen wie Giraffen am Kaffee und pinkeln wie Hunde ihren Namen in den Schnee. Ich stehe daneben und eben genau darum bin ich mittendrin, weil ich betrachte, nicht verachte, weil ich aufsauge und vertraue und darauf baue, dass die Menschen aus Fehlern lernen, um diesen Planeten wirklich zu ehren. Meine Visionen von Frieden ohne Waffen oder sich liebenden Nachbarn, habe ich permanent wie ein Pergament vor Augen, weil ich daran glaube, dass das möglich ist, auch wenn es gar nicht der Realität entspricht.

Vielleicht ist das schädlich, stetig täglich Dinge zu sehen, die gar nicht da sind, vielleicht sind jegliche, bewegliche Ziele meiner Träume nur Luftballons im Wind. Das ist aber kein Grund, sie zum Platzen zu bringen oder sie in den Fluss zu zwingen, damit sie wie Katzen im Wasser ertrinken, nur weil Alarmglocken hinter euren Fratzen klingen, wo Ernüchterung lauert und nicht mehr das unbedarfte Kind, das ihr gegen das Erwachsensein tauschtet. Rentenversicherung, Brandschutz, Haftpflicht und für das Auto ein farbiges Standlicht? Kredite, ein Bausparvertrag und für Oma einen Eichensarg. Vieles, das du gar nicht brauchst – deine Welt wird von anderen regiert, du hast kapituliert, bist frustriert und kompensierst, indem du kaufst wie hypnotisiert. Aber ich kann nachvollziehen, warum das so ist, warum du trotz deiner Sucht zu fliehen, mit der Herde stirbst. Gefangen im Gedankengang, gefesselt im Ideensessel, versuchst du die Momente zu sammeln, die längst in der Vergangenheit gammeln, während sich die Gegenwart in einer Gegend paart, die du für die Zukunft übersprungen hast.

Ich behaupte gar nicht, dass ich besser bin als ihr, ich sage nur, dass ich anders bin und ein paar andere mit mir. Wir sind die Seltsamen, die zu sich selbst kamen, um hinter der Hirnrinde etwas zu finden, das uns an das

Wesentliche erinnert. Wir sind die, die Menschen mögen, aber von Menschen nicht gemocht werden, wir sind die, die gern Grenzen zögen, aber grenzenlos gemobbt werden. Die anderen sagen, dass wir uns anpassen müssen, während wir auf Gleichstellungen verzichten. Mein Traum ist, dass Menschen nicht von der Gleichheit aller reden, sondern sie leben und dazu gehört, andere in Ruhe träumen zu lassen, wenn sie in ihren Truhen Räume schaffen, die sie mit Dingen füllen, die anderen nicht mal im Entferntesten fühlen. So geht es jedem, denn jeder hat seine Sicht auf die Dinge und ich sage nicht, dass jemand falsch liegt, wenn er für mich nicht richtig klingt. Für mich sind wirklich alle gleich, selbst wenn ihr mich belächelt, verflucht, hasst, Gerüchte verbreitet oder an meinen Sinnen zweifelt. Ich lasse euch dort, wo ihr seid und hoffe nur, dass ihr auch dort bleibt. Aber die meisten Menschen sind wie eine Packung Grassamen, die in meinen Garten über Nacht kamen, mir das Wasser abgraben und dann dort ihr Grün abgaben.

Wir Träumer sind die, die in der Welt nichts verloren haben, auch wenn wir Welten in uns geboren haben. Und so friedlich es in meinem Kopf auch ist, so herrscht doch überall Krieg, obwohl die Lösung des Problems wirklich simpel ist und sie jeder kapiert. Wenn alle sagen, dass du das frei lassen sollst, was du liebst, dann gibt dir die Freiheit und flieg.

Mein Verbrechen an der Menschheit ist, dass ich mein Versprechen halten will und Liebe verbreite, ohne Rücksicht zu nehmen, worauf sie trifft. Dafür entschuldige ich mich nicht, dafür stehe ich gerade, gerade weil ein schräger Typ bin, der weiß, was das bewirkt.

»I hope some day you will join us
and the world will be as one.«*

*John Lennon – Imagine

Manchmal ist das
Leben wie der Winter:
Kalt und unwirtlich, aber es
liegen überall glitzernde
Gedanken herum.

Ankommen

Wir hatten uns so oft mehr oder weniger zufällig an irgendwelchen Bahnhöfen getroffen, du und ich. Irgendwann entschieden wir uns, gemeinsam einen Zug zu besteigen. Wir fuhren über Land, wir genossen das Leben in leeren Zügen und fragten uns nicht, wohin die Reise ging und ob wir jemals ankommen würden. Wir sahen leeren Papiertüten zu, die uns durch den Fahrtwind einige Meter wie tieffliegende Vögel artistisch begleiteten. Doch wie alles andere verloren wir sie aus den Augen.

So kunstvoll hatten die Bauern ihre Felder bestellt, die sie niemals abholen würden, wie eine Decke aus Flicken reihte sich eines an das andere und Farben, die wir nicht kannten, wollten nicht benannt werden. Wir schmiegten uns aneinander und waren uns sicher, dass uns all das gehörte. In diesem Moment hielten unsere Atemzüge an, während wir uns schneller bewegten. In diesem Moment legtest du deinen Kopf auf meine Oberschenkel, ich strich dir durch die Haare und hielt deine Hand in meiner.

Und als du die Augen schlosst und die Lippen bewegtest, konnte ich erahnen, was du sagst, aber ich war mir nie wirklich sicher, dich verstanden zu haben. Ich begann zu lächeln, konnte mir nicht vorstellen, warum das geschah, aber ich war zufrieden mit dem, was mich umgab. Ich war angekommen in einem Zug, der über Land fuhr und mich mitnahm, wenngleich ich noch gar nicht wusste, welchen Preis ich dafür bezahlen musste.

Und hin und wieder sahen wir andere Züge, die uns entgegenkamen oder uns für ein paar Momente begleiteten, ehe sich die Wege wieder trennten. Und ich bemerkte die rasende Fahrt unseres Zuges, sah die Landschaft zu einem Brei verschwimmen, Regentropfen trafen auf der Scheibe ein und flüchteten in eine Richtung, in die ich ihnen nicht folgen wollte. Immer wieder hielt der Zug an Bahnhöfen, die alle ähnlich wirkten und deren Namen mir vertraut erschienen, doch fühlte ich mich fremd und allein und drückte deine Hand ein wenig fester in meine.

Immer häufiger hatte ich das Gefühl, aussteigen zu müssen, aussteigen zu wollen, doch dein Kopf in meinem Schoß, dein warmer Mund, dessen Lippen du ganz anders gewünscht, die ich mir jedoch nicht anders vorstellen wollte und deine zarten Finger, die meine Haut berührten, sie ließen mich regungslos in diesem Zug sitzen bleiben. Und als ich mich eines Tages doch einmal bewegte, da fragtest du mich, wohin ich denn wolle. Und ich sah dich mit weit aufgerissenen Armen an, legte meine Augen um dich und sagte, dass ich lieber schweigen wolle.

Immer seltener hielten wir an, und wenn das geschah, dann immer häufiger auf freier Strecke, wo es nichts weiter zu sehen gab. Manchmal standen dort Kühe, die friedlich grasten, manchmal war dort gar nichts und manchmal sah ich nicht einmal mehr aus dem Fenster, weil ich mich fürchtete, dort etwas zu finden, was mir gefiele.

Du hattest dich längst aufgerichtet, um mehr als mich zu sehen, du warst längst auf dem Weg zu einem Ort, den ich nicht kannte und als einmal in einiger Entfernung ein verlassener Kinderspielplatz zu sehen war, da begannst du zu weinen und ich fragte nicht, warum, sondern sah auf deine Uhr, deren Zeiger sich rasch bewegten und die immer lauter tickte. Und da wusste ich, dass es Zeit sein würde, zu gehen. Auf den richtigen Moment wollte ich warten, wobei ich gar nicht wusste, warum, wobei ich gar nicht wusste, was eben diesen richtigen Moment ausmachen würde. Und so blieb ich in diesem Zug und blickte nicht mehr aus dem Fenster, ich sah, dass deine Tränen wie die Tropfen am Fenster an deinen Wangen herunterglitten und ich wusste, dass ich ihnen nicht folgen würde.

Für einen Moment schlief ich ein, nahm nichts mehr wahr und betrachtete mich von innen, träumte von einem Zug, in dem wir beide saßen und wir lächelten wie die Buddhas, verkauften einander Rosen und ein Stück der Zukunft und nahmen doch kein Geld dafür.

Als ich erwachte, warst du gegangen, ein Zettel lag auf meinen Schenkeln. Du batest um Verständnis, wünschtest mir Glück und eine gute Reise, weil Züge ja auch oft entgleisen. Und ich warf das Papier aus dem geschlossenen Fenster, sodass es mich durch den Fahrtwind noch einige Meter begleitete, sah ihm lange hinterher, und als ich es aus den Augen verlor, da war mir klar, dass ich dich vermisse.

Als ich kurz darauf wieder aus dem Fenster sah, war dort ein anderer Zug, der minutenlang auf einem Parallelgleis in nahezu exakt derselben Geschwindigkeit fuhr. Und ich erkannte dich hinter einem der Fenster, du hobst die Hand und legtest sie an die Scheibe, ich tat dasselbe und wir lächelten durch das Glas hindurch. Vielleicht weil wir beide in diesem Moment erkannten, dass es sicherer gewesen wäre, wenn jeder seinen eigenen Zug genommen hätte. Vielleicht, weil jeder von uns wusste, dass wir eines Tages ankommen würden. Jeder für sich, jeder an einem anderen Ort.

Jahrelang
hast du versucht, deine
Mitte zu finden.
Und jetzt sagen sie, du
sollst mal aus dir
herauskommen.

Heimat

Und dann kreuzt du namenlose Straßen
Ziele, die du aus Prospekten kennst
Fußabdrücke auf dem Asphalt
Hinterlässt du doch nichts
Die Ewigkeit im Nacken
Ziehst du einen Koffer hinter dir her
Deine neun Leben in einem Koffer
Rollen auf dem Beton
Geräusche in deinem Kopf
Wie knirschende Sandkörner
Die du hinterlässt
Aber es gibt keinen Weg zurück
Dachtest du wirklich
Hilfe käme von außen
Wenn du lange genug wartest

Und dann kreuzt du namenlose Straßen
Bewegungen, die du kopierst
Glaube ist das, was in dir ist
Während sie die Zweifel schweigend senden
Und Verachtung, nichts als Verachtung
Du antwortest mit Blut
Überall ist Blut
Wohin du gehst
Bleibst du zurück

Du kreuzt namenlose Straßen
Gedanken brechen aus
Doch du bleibst wo du bist
Weil sie dir sagten, dass es dort sicher ist
Du wanderst einsam und allein
Hoffst, dass jemand mit dir geht
Kakao und Tee trinkt
Gerade eine Linie zieht
Die du doch verachtest
Es ist gut, abzureisen
Und mittlerweile kennst du die Straßen
Die namenlos dir Heimat gewähren

Nichtsdestotrotz
Reist du weiter auf der Suche
Nach etwas mehr
Mehr Meer
Und Seekraftverstärkern
Herzen, die in anderen schlagen
Steine schwirren wie Raketen
In Umlaufbahnen
Deine Akten längst geschlossen
Ein Ort wie der andere
Regnet es in deinem Kopf
Vermisst sie dich
Wie du auch sie
Und Einsamkeit
Kindgerecht geflickt

Machst du dich wieder auf den Weg
Und kreuzt namenlose Straßen
Deren Architekten dich nicht lieben
Nicht beachtet von den Sternen
Wankst du heimwärts
Dem Holz entgegen
Mit splitternden Ideen
Eine Leinwand verbrennen
Und den Film zu Hause sehen
Wenn es das gibt
Fragst du dich
Und kreuzt namenlose Straßen

Natürlich beurteile ich
viele Menschen nach ihrem
Äußeren. Sie haben sich
meistens damit mehr Mühe
als mit ihrem Inneren
gegeben.

Auf der Reise

Als ich ihn nach all den langen Jahren in einem mir unbekannten Land doch noch wiederfand, da fragte ich ihn, wo er denn gewesen sei in all der Zeit, die ins Land gegangen und er antwortete: »In Gedanken, mein Freund, ich war in Gedanken.«

Verwundert rieb ich mir die Nase, weil ich die Antwort auf meine Frage nicht verstand und mein Verstand mir sagte, dass eben jener Mann, der mir einst in jungen Jahren als Freund zur Seite stand, jetzt wohl zu fantasieren begann und für ihn die Grenze zwischen Traum und Realität verschwand. Doch bevor ich etwas sagen konnte oder sein Betragen infrage stellen konnte, lächelte er und sah dabei durch mich hindurch, als ob hinter mir das Universum begänne, das er erst jetzt in vollem Umfang erkenne. »Ich war an so vielen Orten, von denen du noch nie gehört hast, während du nach Träumen jagtest und nach dem Erwachen verstört warst, weil nichts so ist, wie du es gedacht und nichts mehr so war, wie du es gemacht. Ich bewegte mich durch Zeit und Raum, sieh mich an, die Jahre veränderten mich kaum. Ich bin schon seit Jahrtausenden auf diesem Planeten, ich sah

Kontinente, die sich bewegten und dann irgendwann einfach untergehen, ich habe Menschen kommen und gehen sehen, Propheten, die unter den Blinden sehend gehen, Soldaten, die aus Angst vor dem Krieg fliehen und Könige, die dabei ihren Kopf verlieren. Ich erlebte den Bau der Pyramiden und war dabei, als die Mongolen siegten, ich aß mit Kleopatra zu Abend, stellte Martin Luther King ein paar Fragen, die ihn lange beschäftigt haben und als er starb, da war ich bei ihm, stand weinend an seinem Sarg wie ein Kind, wohl wissend, dass sein Traum in die Geschichte einging. Ich war dabei als Kennedy erschossen wurde und ich gebe es zu, ich wusste es vorher, doch konnte ich es nicht verhindern, denn ich bin nicht hier, um die Dinge zu ändern, ich bin des Menschen Begleiter durch Raum und Zeit, ich bin das, was niemand versteht und keiner begreift.« Und mit einem Lächeln begann er fast unmerklich zu nicken, als ich mir mit dem Finger an die Stirne tippte und dann verärgert den Kopf schüttelte.

»Natürlich glaubst du mir nicht«, fuhr er bedächtig fort, »was irgendwie traurig ist, aber verständlich dann doch. Ich habe selten lauthals das Wort ergriffen, weil viele mein

Schweigen auch als das begriffen, was es am Ende des Tages schließlich ist: Eine Mischung aus Liebe und meinem Denken als Optimist, die sich nicht durch die Menschen benebeln lässt. So gern ich die Bewohner dieser Welt auch habe, sie sind nur Gäste in einem Haus ohne Namen, das sie als Erde bezeichnen, um es mit Füßen zu treten, alles in Grau malen und dann bleibt nicht viel vom blauen Planeten. Wie eine Heuschreckenplage ziehen sie durch Jahrtausende und Tage, dabei habe ich gesehen, wie einst die Dinosaurier starben, weil sie es nicht besser wussten, während die Menschen ihren Verstand, den sie lauthals preisen, nicht mal zu einem Bruchteil richtig nutzen und hinter ihren Möglichkeiten bleiben. Die Geschichte, die euch angeblich so vieles gelehrt hat, ist ein Wiederholungstäter, der bislang noch jeden erlegt hat. Ich war in Hiroshima und Nagasaki und ich wusste, es wird schlimmer, wenn auf der Welt noch weniger Platz ist und sich irgendwann niemand mehr erinnert. Ich stand neben Cäsar, als die Dolche ihn stachen und auch heute noch werden Menschen von Freunden verraten, und als ein Mann an einem Holzkreuz starb, da war mir klar, dass er nur einer von vielen ist, der für seinen Glauben sein Leben lässt. Bei dir ist es anders, weil dich dein Glaube verlässt, während du auf wissenschaftliche Beweise setzt, die längst nicht alles erklären, sondern eher deine Sicht auf die Welt zerstören.«

Ich zog meine Waffe, um sie auf ihn zu richten: »Du redest Unsinn und erzählst Geschichten, du warst damals schon gut darin, Wahrheit mit Lügen zu verdichten, nur dass ich heute von der Welt mehr gesehen habe und genau weiß, dass deine Worte nur Unsinn in sich tragen.«

»Wie kannst du dir dessen sicher sein«, warf er milde lächelnd ein, »woher willst du wissen, was die Wahrheit ist, wenn es deiner Sicht an Klarheit fehlt. Was auch immer du tust, du wirst am Ende scheitern, weil deine Gedanken nicht bis zum Horizont reichen und deine Gedanken stetig blutig sind und du ewig auf suchend bist.«

Die Wut, die mich packte, ließ mich die Pistole entsichern, den Abzug drücken, um ihn mit einem Schuss zu vernichten. Ein Knall und jede Menge Pulverdampf, ich hatte Tränen im Auge und auch ein wenig Angst, denn es war nicht das erste Mal, dass ich ihm gegenüberstand und mein Sieg schließlich als Niederlage verstand. Doch diesmal blieb er liegen mit einem Loch in seinem Kopf, es gab keinen Zweifel: Gott war endlich tot. Nachdem er so oft schon wiederauferstanden war, wartete ich jetzt vergeblich, denn nichts geschah. Plötzlich fühlte ich mich schuldig, so vielen Menschen Hoffnung geraubt zu haben, nur weil ich davon überzeugt war, an das geglaubt zu haben, was faktisch zu belegen ist und es nichts gibt, was überirdisch ist. Doch dann war alles wie immer, er stand milde lächelnd im Zimmer und sah mir tief in die Gedanken, ehe er sich zum Gehen wandte. Seine Worte trafen mich härter als Kugeln aus meinem Lauf, als er sagte: »Du kannst nur das töten, an das du nicht glaubst. Was das für dich ist, Geld, Gold, Liebe, dein eigener Plan, ist vollkommen egal. Nur, dass du an irgendetwas glaubst, ist dir jetzt hoffentlich klar.«

Körperlicher Stillstand,
während der Kopf
Marathon läuft – umgekehrt
wäre es sicher angenehmer.

Kunst

Ich bin seit etlichen Jahren Künstler und musste mir einiges anhören. Und zwar immer wieder dieselben Klischees, die angeblich und vorurteilsbelastet damit einhergehen, wenn jemand als Künstler arbeitet. Seit einer Woche drehe ich den Spieß um, ich habe eine Gegenoffensive gestartet und werde von nun an direkt die Menschen dort treffen, wo es mich genervt hat. Zumindest wollte ich es jetzt endlich mal versuchen.

Vor einer Woche geschah es auf einer Party, da lernte ich eine gutaussehende junge Frau kennen. Nach dem anfänglichen Gebrabbel fragte ich sie dann irgendwann: »Und? Was machst du so … beruflich?«

»Ich arbeite bei einer Versicherung«, sagte sie etwas zögerlich.

»Ach, das ist aber schön, wenn man sein Hobby zum Beruf machen kann«, sagte ich lächelnd.

Sie wirkte etwas irritierte und antwortete mit einem abwechselnden Nicken und Kopfschütteln: »Äh, ja, nein ...«, stammelte sie.

Ich wollte keine Zweifel aufkommen lassen

und zog schon mein erstes Ass aus dem Ärmel: »Kann man denn davon leben?«

Ihre Verwirrung nahm zu. »Ja, klar ...«

»Du musst nicht noch nebenbei irgendwo Kellnern oder Taxi fahren?«

»Nein, das Geld reicht«, meinte sie nachdenklich.

»Toll«, sagte ich, »Bist du denn genetisch vorbelastet? Ich meine, sind deine Eltern auch schon bei einer Versicherung gewesen?«

Ich sah, wie die Verwirrung in ihr einer beklemmenden Form von Verstörung wich. »Nein, mein Vater arbeitet beim Finanzamt ...«

»Ach, das ist ja mal was ganz anderes«, antwortete ich überrascht. »Wie bist du denn auf die Idee gekommen, bei so etwas Verrücktes wie bei einer Versicherung mitzumachen?«

»Durch die Berufsberatung ...« Ihre Stimme klang nicht mehr so sicher wie noch vor wenigen Minuten, als ich nach ihrem Lieblingsgetränk gefragt hatte.

»Und was machst du da genau?«

»Interessiert dich das wirklich?« Die Skepsis in ihrer Stimme war fast schon feindselig.

Ich nickte vehement und heuchelte so viel

Interesse, dass ich damit die Kanzlerin im Alleingang hätte bestätigen können. KÖNNEN. Ich wollte das ja gar nicht. Außerdem reichte es für meine Zwecke vollkommen aus.

»Ich bin Sachbearbeiterin bei den Buchstaben E und F...«

»Und?«, fragte ich erwartungsvoll, »Hat man sich von dir schon mal, wie sagt man das richtig: sachbearbeiten lassen?«

»Hä?«

»Ich meine: Kann man das irgendwo sehen, was du machst? Gibt es Veröffentlichungen? Trittst du irgendwo auf?«

»Wo soll ich denn auftreten?«

»Gott, ich weiß ja nicht, was Sachbearbeiter so machen«, sagte ich.

»Na, ich arbeite im Büro...«

»Wie spannend!«, entfuhr es mir: »Wie sieht denn so ein Tag bei dir aus? Da hast du doch bestimmt kaum Freizeit?«

»Naja, am Wochenende habe ich frei...«

»Ach, du hast ja ein wildes Leben«, unterbrach ich sie, »klingt total verrückt und nach total viel Spaß!«

Sie zuckte mit den Schultern.

»Na, das ist ja schon mal etwas ganz

anderes, was du da tust.« Ich wartete einen Moment, um noch eine verbale Blendgranate hinterherzuschieben. »Sag mal, woher nimmst du all diese Ideen für deine Arbeit? Die Buchstaben E und F erledigen sich ja auch nicht von allein ...«

Sie schwieg.

An dieser Stelle tat ich nun etwas, das die meisten Frauen willig und gefügig machte: »Sag mal. Kennst du eigentlich Robbie Williams?«, fragte ich. »Ich meine: persönlich?«

Sie schüttelte vehement den Kopf.

»Und was ist mit Darth Vader?« Ich röchelte noch ein wenig, um das Ganze plastischer wirken zu lassen.

Wieder ein Kopfschütteln.

»Aber du kennst andere Sachbearbeiter bei der Versicherung?«

»Ja, klar?«

»Auch irgendwelche Berühmtheiten?«

»Bei der Versicherung?«

»Was weiß denn ich?«, warf ich ein. »Aber, egal. Darf ich dir noch eine Frage stellen?«

Sie sah sich hilfesuchend um. »Wenn es nicht anders geht?«

»Wie lange willst du das denn noch

machen? Meinst du nicht, dass du irgendwann zu alt für so einen Versicherungssachbearbeitungsjob?«

Es war pures Entsetzen, das ihr ins Gesicht gemeißelt war

Ich holte zum letzten Verbal-Schlag aus: »Ich wollte das früher auch immer werden, aber ich habe mich irgendwie nicht getraut, ich wollte lieber etwas Solides machen. Ich bewundere ja Menschen wie dich...«

Sie schüttelte genervt den Kopf, vielleicht ahnte sie jetzt, worauf ich hinauswollte. Etwas spät, aber besser als gar nicht. »Was machst du denn eigentlich?«

»Ich bin Schriftsteller«, sagte ich ruhig.

Ihre Augen weiteten sich und ihr Gesichtsausdruck wechselte von genervt zu interessiert: »Wie spannend! Kann man davon denn leben?«

Ich gebe es auf. Ich habe mich bereits für eine Ausbildung zum Bürokaufmann angemeldet. Ich will artig sein, Kinder zeugen und in Rente gehen, und wenn mir irgendjemand sagt, dass er Künstler sei, dann will ich nur noch lachen und sagen: »Wie blöd muss man sein?«

Es ist die Leere, die dich
ausfüllt – und dann fragen
sie, was du dir wünschst
und du antwortest:
»Nichts.« Und niemand
glaubt dir.

Für die Berater

An einigen Tagen, während des Beratens
bist du kurz davor, dich selbst etwas zu fragen
doch die neue App für dein iPhone
lenkt dich beim Denken wie beim Seilsprung
immer auf und ab und auf und ab und auf und
ab
aber sie bremst nicht die fast vergessenen
Gedanken
die du noch aus deiner Kindheit kanntest
Du kannst jetzt nicht sagen, was du besitzt
egal, ob du halbvoll oder ganz leer bist
und ob Optimist zu sein nur Mist ist
und dich statt einer Frau oder eines Mannes
nur die Illusion eines emotionalen Benefits
küsst
du kennst dich in dir selbst nicht mehr aus
weil deine Power keine Points bringt
obwohl du dich in Power Point Dateien
immer wieder namentlich verlinkst
Doch jeder Klick führt dich weiter weg von dir
und es ist ein weiter Weg von dir zu mir zu
dem zurück
was du sprachlos immer noch vermisst
Während du auf dem iPad Daten und Kontakte
verschiebst
und wireless dich in fremde Welten begibst

von denen du heute behauptest,
dass du damals noch glaubtest
du würdest das alles niemals erreichen
weil alle dachten, dass du zu weich bist
während du also als so einer da sitzt
der weiß, was er will und wer ihm etwas nützt
weil der Return of Consulting immer bei ihm
liegt
und du darauf vertraust, dass jeder bekommt,
was er kriegt
So bist du dennoch an einigen Tagen
kurz davor dich etwas zu fragen
was fast in Vergessenheit geraten ist
denn wenn du abends im Bette liegst
dann wunderst du dich, warum du nicht fliegst
so wie damals, als Kind, wenn du kurz vor
dem Träumen
schwerelos vier Meter über dem Boden bliebst
Und ich sage dir, mein Freund und ständiger
Bodenständiger
manchmal ist es gut zu träumen, damit sich
etwas verändert
und wenn ich dir als Berater des Beraters einen
Rat geb'
dann nur den, dass sich das Rad der Beratung
nur dann dreht
wenn du bereit bist, grenzenlos das Denken
einzusetzen

und dich daran erinnerst, dich über Grenzen
hinwegzusetzen
so wie damals als Kind, mit zerzausten
Gedanken und Haaren
als unkonventionelle Lösungen noch die
Normalität waren
und du nicht den Erfolg deiner Welt in Zahlen
maßt
sondern die Begeisterung als Währung
unbezahlbar war

Manchmal befürchtest du,
dass all deine wichtigen
Daten weg sind, aber dann
fällt dir ein,
wo dein Kopf ist.

Liebe

Ich steige in eine Badewanne, die mit Wasser gefüllt ist und ich weiß nicht, was das für ein krasses Gefühl ist, aber plötzlich erlebt mein Körper, dass er berührt wird von der Flüssigkeit, die weder zu warm, noch zu kühl ist. Darin sitzt sie und lächelt und sagt, dass sie gern mit mir nackt ist und meine Augen hätten die Farbe des Himmels, kurz bevor es Nacht wird. Beschämt lasse ich mich in die Wanne gleiten, weil mir Komplimente immer einen roten Kopf bereiten, ich tauche unter und unter ununterbrochenen Gedankenwasserfällen, versuche ich jetzt die Worte zu zählen,
die mir ganz einfach fehlen,
weil ich sie vergessen hatte,
aber mir sicher war,
dass ich sie besessen hatte,
bevor sie dichter kam,
ehe ich vermessen hatte,
wie viel ich ertrag
und ob ich es besser hatte,
als ich noch Single war.

Aber vielleicht, so blubbern die Gedanken, bin ich gar nicht mit ihr zusammen, vielleicht sieht sie das körperlich, betrachtet es als förderlich, dass chemisch alles richtig ist, wenn sich Haut und Haut vermischt. Vielleicht wendet sie Gedanken am andern Ende anders, weil sie an den Wänden der Gedanken ohne Ende wandert, und ohne sich dann umzusehen, etwas von mir mitnimmt mir wird das sicher fehlen, was mich bestimmt auch mitnimmt. Und unter Wasser kreisen meine Worte leise, um irgendwelche Worte, welche lautlos kreisen. Sie ziehen ihre Runden wie eine Schar Vogel Greifen, während ich unumwunden versuche, sie irgendwie zu greifen, doch nichts steht fest, alles bewegt sich um mich, und als ich die Augen öffne, sehe ich die Wellen, die Gischt, als ob ich statt in einer Wanne im Ozean versinke, nur dass ich statt in Wasser in Gefühlen ertrinke, weil ich mir nicht sicher bin, was sie von mir erwartet, weshalb meine Träume nun zu Monstern entarten:

Wie soll sie mir vertrauen, wenn ich mich selbst betrüge?

Wie soll sie mir glauben, wenn ich mich selbst belüge?

Die Fragen kommen dichter, wie Einschläge von Kanonen. Vielleicht kommt es auch darauf an, wie ich das alles betone? Wenn ich nur genug Platz zwischen meinen Zeilen lasse, liest sie vielleicht darin Dinge, die mich entlasten. Also zerlege ich meinen Kopf in kleine Teile ohne Masse. Bausteine für Gedanken voller Liebe, die zueinanderpassen. Ich sollte aufstehen und das Wasser jetzt verlassen. Auftauchen, Luft holen, um nicht den richtigen Augenblick zu verpassen, doch zwischen meinen Augenbrauen gibt es eine Grenzstation: Ich bezahle mit Vertrauen und einer großen Portion Angst.

Dennoch richte ich mich auf, lasse Gedanken wie Wasser in Perlen abwärts gleiten. Ich bin bereit, ihr Herz zu umranken und mich von mir selbst zu befreien. Ich bin bereit, ihr zu sagen, dass es mir schon gut geht, wenn sie mit den Augen auf mich zeigt. Ich will ihr sagen, dass atemlos bin, wenn ihr Atem ganz lautlos mich streift. Ich will ihr sagen, dass sie für mich wie klassische Musik ist, die mich schon immer betörte und dass ich ihr nichts von mir schenken könnte, was nicht schon längst ihr gehörte. Ich will ihr sagen, dass ich allein den Boden liebe, der sie schweigend trägt, dass mich ihre Art, sich zu bewegen, bereits erregt, wenn sie sich gar nicht bewegt.

Da sehe ich, dass sie nun unter Wasser liegt und ihre Augen geschlossen sind. Gedanken steigen wie Blasen aufwärts und platzen an der Oberfläche. Ich denke, dass ich mal wieder eine Chance wie einen Zug verpasst habe, weil ich meine Gedanken überall in mir, nur nicht in der Gegenwart trage und mein Herz nicht auf der Zunge liegt, ich aber oft daran zu ersticken drohe, weil Gefühle in mir wie hundert Flüchtlinge in einem kleinen Container wohnen.

Doch bevor ich mich zurückziehen kann, taucht sie plötzlich auf und lächelt aus vollem Lauf, gibt mir das Gefühl, dass endlich alles richtig ist und meine kühlen Zweifel wirklich null und nichtig sind. Ein paar Sekunden später unterschreibe ich einen Mietvertrag, der sie zum Bezug meiner Herzkammer berechtigt, denn egal, was sie sagt oder fragt, so ist es gut, wenn sie dort häufiger nächtigt. Und ich unterzeichne ein Papier, mich dem ich das Besuchsrecht für ihren Gefühlsturm erlange, wo ich mich aufhalten darf, solange ich nicht verlange, ihn vollständig zu besitzen.

Und ich will nicht mehr weg aus der Wanne, die weder zu warm, noch zu kühl ist, weil das ganz einfach ein wunderbares Gefühl ist, wenn wir uns berühren und etwas spüren, ohne zu verstehen, warum das so ist. Weil in meinen Augen, die in ihren Augen die Farbe des Himmels haben, kurz bevor es Nacht wird, das Wasser der Liebe uns umschließt und nicht mehr hergibt, wenn wir uns einander fließend vertrauen, während einer von uns taucht und alles hinterfragt oder mit seinen Gedanken Luftschlösser baut.

Das alles denke ich nur, ich sage es nicht laut, weil es für mich unbeschreiblich ist, mit ihr zusammen zu sein, mir fallen dann immer keine Worte …

Und dann steht die Zukunft
plötzlich da, klopft an die
Tür und du findest es
ungemein lustig, dich durch
den Hinterausgang
rauszuschleichen.

Herkunft

Ich meide die Sonne, ich verlasse kaum das Haus. Ich bin weder Allergiker noch Vampir, ich mag es einfach nicht, wenn meine Haut sich färbt. Denn dann häufen sich die Fragen nach meiner Person. Bin ich nur einmal in der Sonne, sehe ich aus wie Michael Jackson. Also vor seinem Tod. Nicht direkt davor, sondern eher so mittendrin. Also nicht mitten in Michael Jackson, sondern mitten in seinem Leben. Als er noch schokoladig war. Und dann geht es wieder los. Auf so einer Party fragt mich irgendein Willi, woher ich denn komme. Ich schweige, er fängt an, zu raten.

»Iran?«, quetscht mein Gegenüber heraus.

Ich schüttle den Kopf.

»Türkei?«

Ich schüttle wieder den Kopf.

»Polen?«

Ich schüttle immer noch den Kopf.

»Aber doch irgendetwas aus dem Osten?«

Gott, der Osten ist weit. Denke ich. Leipzig würde dann ja auch gehen. Im Grunde genommen liegt ja alles im Osten, wenn ich nur weit genug im Kreis gehe. Irgendwann ist dann auch der Westen im Osten. Im Grunde genommen liegt alles eben auch im Westen oder im Norden oder im Süden, am Nordpol gibt es nur Süden. Deshalb könnte ich auch sagen, dass ich östlich vom Nordpol lebe. Aber ich schweige lieber.

»Naja, Deutscher bist du ja wohl nicht, oder?«

Immer diese Hintertüren, immer dieses »ODER?«. Als ob das die schwachsinnige Frage mildern würde, als ob es überhaupt einen Unterschied macht, ob ich aus Deutschland komme oder nicht. Gut, beim Asylantrag ist das entscheidend und für Nazis ist das auch wichtig. Stellen diese Menschen denn auch solche Fragen wie: »Hier liegt doch Stroh, oder?«

Ich reiße mich also zu einer Antwort hin und sage: »Doch, ich bin in Deutschland geboren.« Das sollte doch als Legitimation reichen, denke ich mir, aber sofort geht es weiter. »Jaaa, aber deine Nase ist nicht typisch deutsch. Sind deine Eltern aus Deutschland?« Jetzt geht es schon um die Nase, ja, verdammt die ist groß. Ich durfte bei starkem Wind nicht raus, Segeln war tabu. Als ob das nun dafür steht, dass ich nicht von hier bin. Doch ich bin höflich und antworte: »Meine Mutter ist Deutsche.« Aber ich weiß, dass jetzt die nächste Frage kommt.

»Und dein Vater?«, bohrte er weiter.

Sie geben nicht auf, diese deutschen Menschen. Neugier mag eine gute Eigenschaft sein, sie hat uns zu bahnbrechenden Erfindungen verholfen wie Gurkenscheiben im Gesicht oder Erdbeerkäse mit Vitaminen, aber wenn es um meine Herkunft geht, bin ich altmodisch. Da will ich lieber grunzen als ein Gespräch. Aber ich bin höflich erzogen, ich antworte: »Mein Vater war Pakistani.«

Der Typ pfeift durch die Zähne: »Sag mal, Pakistan, das ist doch um die Ecke von Indien: Dann kannst du gut mit Computern umgehen? Meine Festplatte macht so komische Geräusche und...«

Ich überlege, ob ich den jungen Mann darauf hinweise, dass er beim Reden bestimmt mehr seltsame Geräusche macht, als seine Festplatte. Stattdessen beherrsche ich mich und sage mit ruhiger Stimme: »In unserem Land hilft bei den meisten Dingen mit voller Wucht dagegentreten, dann wird es besser.

Es sei denn, dein Rechner ist eine Kuh. Oder er hat die Form eine Kuh. Oder der Bauerhof-Simulator ist darauf installiert. Oder du spielst bei Facebook Farmville und du hast da einen Kuhstall, dann musst du anderes verfahren.«

»Krass«, sagt er, »ihr nehmt das Ding mit der Religion voll ernst, oder?«

Ich nicke. »Ja, im Gegensatz zu den Katholiken legen wir wirklich wert auf unsere Religion.« Und dann verneige ich mich schnell vor ihm, gebe ihm dabei eine Kopfnuss und sage: »Dai Dai.«

Er reibt sich die Stirn und sieht mich irritiert an.

»Das heißt Entschuldigung«, sage ich, »eigentlich solltest du jetzt tot sein.«

»Du sprichst Pakistanisch?«, fragt er nun begeistert.

Jetzt bin ich Gedanken wieder beim Nordpol, wo man nach seiner Definition wohl Nordpolisch sprechen muss. Oder Nordpolnisch, seit 5.40 Uhr wir zurückgesprochen!

Die Amerikaner sind schon dumm, die halten Deutschland für die Hauptstadt von Europa, Justin Bieber hat gerade erklärt, dass er das Wort »Germany« noch nie gehört. Dafür hat dieser Willi aus Kassel oder Bottrop gerade eine neue Sprache erfunden. Pakistanisch. Kreativ, das sind sie, diese Deutschen. Wir Pakistani sind eher blöd, aber darin sind wir gut. So wie beim Feldhockey und beim

Cricket. Deswegen bin ich beim Fußball früher auch immer mit einem Schläger auf den Platz gestürmt, weil ich genetisch bedingt dachte, das muss so sein.

Nur durfte ich das nicht.

Denn in Deutschland ist man genau, beim Fußball geht es geordnet zu, die Leitpfähle an der Straße sind IMMER 50 Meter voneinander entfernt, ein Koffer muss IMMER farblich zur Jacke passen, im Schwimmbad darf man NICHT vom Beckenrand springen und man braucht IMMER eine Badekappe. IMMER einer Badekappe. Bitte tragen sie IMMER eine Badekappe. Kommen Sie aus dem Wasser, Sie tragen keine Badekappe.

Ich habe keine Haare!

Tragen Sie eine Badekappe!

Trage ich DOCH! Ich spreche aus Erfahrung. Gedankengang Ende.

»Nein«, sage ich dann, »ich spreche weder Pakistanisch, noch Hindi oder Urdu. Das liegt daran, dass ich mich gerade genetisch umschulen lasse.«

»Was?«

Ich lächle. »Es ist eine postnatale Gen-Änderung. Ich habe mich einer Hormontherapie unterzogen und mir Kälberblut spritzen lassen, damit ich aggressiver werde und mich über alles beklage. Neue Stammzellen im Knochenmark sollen dafür sorgen, dass meine Haut blass und grobporig wird, meine Wangen leicht gerötet und mein Penis auf das deutsche Normalmaß von neun Zentimetern anwächst. Es muss ja auch positive Seiten geben«, sage ich verschämt. »Und wenn ich in die Sonne gehe, dann werde ich rot und nicht braun, ich esse rohe Kühe, ich werde NEBEN meiner Frau auf dem Bürgersteig gehen und schlage sie zu Hause, nicht auf offener Straße, meine beiden Söhne bekommen ihre Vorhaut zurück, wir werden eine richtige, echte deutsche Familie, die auf Partys andere Menschen fragt, woher sie denn kommen. Weil das wichtig ist. Das müssen wir Pakistanis dringend lernen, schließlich haben wir auch Osama Bin Laden in unser Land gelassen, ohne ihn zu fragen, woher er denn kommt und ob er sich finanziell selbst versorgen kann und ob er unsere Sprache spricht, wir sind dumm und gutgläubig. Nicht so wie die Deutschen, die jeden Österreicher in ihr Land lassen. Bin Laden soll sein Haus im Übrigen fast nie verlassen haben, es gibt da also auch durchaus Parallelen zu mir. Vielleicht kommen die USA hier gleich vorbei und holen mich ab.«

Punkt Punkt Punkt

Und dann sind da Menschen, die reden nur in
halben Sätzen, und wenn sie nicht mehr weiter
wissen, dann sagen sie »Punkt, Punkt, Punkt«.
Und dann sind da Menschen, die schreiben
Emails, und wenn sie nicht deutlich werden
wollen, dann tippen sie »Punkt-Punkt-Punkt«
Punkt Punkt
Punkt Punkt Komma Komma Komma Komma
Punkt Punkt Komma Komma Komma Komma
Punkt Punkt Komma auf den Punkt, Punkt
Punkt,
Punkt Punkt Komma auf den Punkt, komma
her zu mir
Doch dann bist du weg und du scherst dich 'n
Dreck
Um das was da kommt, was da geht, was
bewegt und was sein wird
wenn du mit dir allein bist
und alles in dir Brei wird
Du hast Hintertüren
die du ständig erweiterst
du brichst alles ab
damit du nicht scheiterst
und bevor du mal irgendeine Meinung hast
plapperst du schnell mal irgendwas nach
Für dich sind meine Worte nur Dauerregen

doch ich bezeichne sie als rauer Degen
den ich bei mir trage und um mich schlage
Spuren hinterlasse und deine Welt hinterfrage
denn das was dich und mich und alles
verbindet
ist nichts von dem an sich, was du täglich
findest
denn der Horizont, den du stolz dein Eigen
nennst
ist wie deine Wohnung auf ein Minimum
begrenzt
doch die Uhr-Gewalt, mit der du Geld und Zeit
misst
sorgt nur bald dafür, dass du nicht frei bist
weil du Konsequenzen wie in Blei gießt
doch das Ticken in deinem Kopf ist laut
und wenn ich ehrlich bin, weiß ich nicht genau
ob du mit mir sprichst oder Kaugummi kaust
und nur Laute verlierst, während alles rotiert
um sich, um dich, um mich
und die Welt an sich

Doch dann drehst du
im Ganzen
Ideen und Chancen
willst springen und tanzen
von Tischen und Kanten
und suchst nach Konstanten

doch findest nur Planken
auf denen Gedanken wie holzbeinige Piraten
ins Wanken geraten
weshalb dein Satz endet mit
Punkt-Punkt-Punkt
Punkt-Punkt-Komma-Komma-Komma-
Komma
Punkt-Punkt-Komma klar

Und dann kommt der Tag, an dem du dich
fragst
ob das, was dich plagt wirklich so hart und
gemein ist
und wenn die Welt auch klein ist
braucht jeder Struller, der pullert
einen Eimer, wo er reinpisst
oder Schubladen oder Kategorien
wie ein Berg Kalorien
die man niemals verliert, aber stets kontrolliert
weil deine Welt funktioniert, du kaufst dir dein
Bier
und Kippen an der Tanke nachts um vier
und während im Golf von Mexiko die Fische
krepier'n
sitzt du in Mutters Golf und jammerst über
Benzin
und den Preis, der da steigt, doch du bist nicht
bereit

ein paar Meter zu fahr'n, dafür fehlt dir die
Zeit
und um Geld zu spar'n, ist das Leben zu kurz
fast wie ein Furz, den du zündest im Blindflug
und alles explodiert, nach dir die Sintflut
deshalb rettest du die Welt in einem Planspiel
und zockst bei Facebook täglich Farmville
das ist so sinnlos, als ob du auf Klo mit Harn
zielst
es geht alles daneben und dich packt der
Wahnsinn
dein Leben im Soll, doch das Konto im Haben
alles läuft glatt, nur ist in dir Graben

Und du bist ein Sklave
der großen Konzerne
läufst nur hinterher
und blickst in die Ferne
die hinter dir liegt
und was du dort siehst
am Horizont
ist dein Gewissen
als kleiner
Punkt – Punkt – Punkt
Punkt-Punkt-Komma-Komma-Komma-
Komma
Punkt-Punkt-Komma mit der Wahrheit

Du pochst auf Freiheit
während du andere beschneidest
und behauptest, dass du doch gar nichts
entscheidest
und das Leben verdammt noch mal so ist
und Gott, der Freak, sei doch auch nur
Pessimist
weil er das Ende voraussieht, weswegen du
ausziehst
um anderen, die sich lautstark beschweren
verbal und brachial das Fürchten zu lehren
und das was mal war, wird nie wieder so sein
und dann sperrst du dich ein, in einem Raum
der so klein
und so kalt wie dein Herz ist
und du fragst dich, was verkehrt ist
deshalb hab' ich die Bitte
dass du in deiner Mitte
mal Luft holst

und ausbrichst aus all den ganzen Schemata:
Steh auf, geh raus, sei unberechenbar. Tu das,
was du wirklich willst und nicht das, was sie
dir sagen, was du tun sollst. Glaub nicht das,
von dem andere wollen, dass du es glauben
sollst. Und dann handele, statt immer zu reden,
indem du Chemie-Müll von McDonalds
boykottierst, den Stromanbieter wechselst und

endlich einen Anfang machst, um zu zeigen, dass du das mit dir nicht machen lässt. Und wenn alles gesagt ist, wenn alles getan ist, machst du am Ende einen Punkt.
Einen Punkt.
Einen.
Punkt.

Tanzen

Es ist kein Geheimnis, dass meine Jugend anders verlief. Ich bin in Kinderheimen aufgewachsen und ich habe die Geduld dutzender Pädagogen über alle Maßen strapaziert, drohte ihnen schon früh damit, dass ich irgendwann mal Auftragskiller werden würde. »Ich komme, wenn du schläfst und dann ist Ende-Gelände«, raunte ich dem Heimleiter zu, der mir erklärte, dass er vor einem Fünfjährigen keine Angst hätte. Den Griesbrei musste ich auch noch aufessen. Ich habe mich schon damals gegen diverse Dinge gewehrt, die man tun musste, weil man sie eben tat. Wenn das Licht ausging, blieb ich demonstrativ wach, ich küsste zunächst keine Mädchen, sondern Jungen. Und ich widersetzte mich erfolgreich dem Gruppenzwang des Tanzschulunterrichts.

Die Geschichte dahinter ist jedoch für alle Verantwortlichen nachvollziehbar. Zufällig hatte ich damals im Fernsehen eine der Übertragungen gesehen, die es heute gar nicht mehr gibt. Deutsche Meisterschaften im Standardtanz. Eine Live-Übertragung. Mit einem Kommentator. Bitte, noch einmal: Live-

Übertragung, Standardtanz MIT Kommentator. Heute kann ich sagen, dass ich mich beim Blick in den Fernseher nie wieder so gefürchtet habe, wie damals. Aberwitzig grinsende Damen und Herren, die sich zum Takt der Musik durch einen Saal bewegten, schwebten, tänzelten, gleitend schreitend schoben, sich umfassten und verwoben, verknoteten und scheinbar schwerelos in seltsamen Kostümen gekleidet all den anderen Paaren auswichen und ihre Figuren mit einer Hingabe präsentierten, als wären sie das Menschenopfer eines vergessenen Naturstammes.

Von denen bis zur Unkenntlichkeit geschminkten Männern nahm ich damals an, dass sie entweder selbst schwul oder das Vorbild für die homosexuelle Szene waren. Bei den Frauen war ich mir sicher, dass es Transsexuelle sein müssten, anders war dieses gespenstische, maskuline Grinsen, die strammen Waden gar nicht zu erklären.

Nun hätte dieses zugegeben furchteinflößende Bild vermutlich auch schon gereicht, um mir den Schlaf zu rauben und den Tanzunterricht zutiefst abhold zu machen, doch die Szene erweiterte sich im wahrsten Sinne des Wortes schlagartig. Bei einer

Drehung kam ein Paar mit den verkeilten Händen einem anderen Paar derartig in die Quere, dass der Transsexuelle, also die Frau, von dem Handkonglomerat mitten ins Gesicht getroffen wurde. Anschließend blutete sie aus Nase und Mund, ja, ich glaubte sogar, einen dünnen Blutfaden aus dem Ohr rinnen zu sehen. Ich warf damals die Hände vors Gesicht: Ein Schädelbasisbruch beim Tanzen. Das ist so, als ob man sich beim Masturbieren den Fuß klemmt. Doch als sei nichts geschehen, tanzten die Frau – ich nannten sie fortan »die Gezeichnete« - und ihre schwebender Partner weiter, das Grinsen in ihrem Gesicht wurde sogar noch intensiver. Natürlich hatte ich auch ein wenig Mitleid, weil der Verlust von Schneidezähnen ja auch optisch keine schöne Sache ist, aber dieser grausame Ausdruck eines tanzenden, blutenden Zombies, der hämisch grinsend, so als ob ihn niemand bemerkte, im Paarlauf durch einen Saal schwebte, verfolgte mich jahrelang in meinen Träumen. Immer wieder wachte ich auf und schrie das Vaterunser in die Nacht, manchmal auch die satanischen Verse oder später auch »AOK – die Gesundheitskasse« - aber nichts half. Als dann mein zwei Jahre älterer Zimmergenosse während der Tanzstunde unter ein dickes Mädchen geriet und nur mit Einsatz eines Kranes gerettet werden konnte, war das Trauma komplett. Ich verweigerte das Interesse an der rhythmischen Erziehung, trat in einen Hungerstreik.

Heute weiß ich, dass ich auf diese Weise am Leben geblieben bin. Ich bin keiner dieser Untoten geworden, die durch die Tage treiben und alles hinnehmen, was man ihnen ins Gesicht wirft. Ich bin unbequem und sage meine Meinung, bestehende Regeln hinterfrage ich und unterziehe sie einer Sinnprüfung, ich lasse es mir einfach nicht gefallen, wenn mir jemand ins Gesicht schlägt. Dabei ist es nicht so, dass ich zurückschlage, denn ich verweigere Gewalt. Es reicht schon, stehen zu bleiben, das Lächeln einfach abzusetzen und zu sagen. »Meine Damen und Herren, so nicht!«

Aber wenn ich mich umsehe, dann erkenne ich überall die grinsenden Gesichter, die mit eingeschlagenen Zähnen, blutenden Gedanken, verkrusteten Ohren und gezeichnetem Äußeren weiter tanzen. So, als wäre nichts geschehen. Wenn das Leben zuschlägt, mag das bitter sein und viele dieser Schläge kann man tatsächlich mit einem Lächeln auffangen.

Wenn aber Fast-Food-Ketten genmanipulierte Nahrung verkaufen und darüber schweigen, wenn der Tod von zwei Soldaten ein feiger Anschlag sein soll, während zwölf getötete Kinder bei einer NATO-Bombardierung ein Versehen sind, wenn die Mineralölkonzerne die Autofahrer um Milliarden betrügen und auch den Hinweis des Kartellamtes einfach ignorieren und genauso weiter machen, wenn alle an Krebs und HIV erkranken, nur keine Politiker oder Wirtschaftsbosse, und wenn das niemand seltsam findet und weiter tanzt wie bisher, weil man das eben so macht und man ja nichts ändern kann, dann wundert euch nicht, wenn sie kommen, dann wundert euch nicht, wenn irgendwann die Gewissensbisse und quälenden Gedanken kommen. Nachts im Schlaf. Und dann ist Ende-Gelände.

Lass dein Herz
weiter schlagen, es ist
vermutlich die schönste
Form von Gewalt.

Post

Manche Menschen machen mich wirklich wahnsinnig. Meistens bin ich es selbst, der mich nervt, aber manchmal kommen dann andere und übertreffen das, was ich mir so mit mir selbst leiste, vollkommen mühelos. Wirklich vollkommen mühelos. Momentan ist es der Postbote, der sämtliche Kommunikationsformen ignoriert. Zunächst war es ja nur so, dass meine Briefe und Postkarten beim Nachbarn landeten. Gut, das ist auch schwer auseinanderzuhalten, wenn man nicht lesen kann, denn bei mir steht mein Name auf dem Postkasten und beim Nachbarn steht kein Name auf dem Postkasten. Auf meinen Briefen steht mein Name auf dem Kuvert, beim Nachbarn ist wieder ein anderer Name auf dem Umschlag zu finden. So etwas kommt vor. Schwierig, das richtig zuzuordnen, ich möchte da nicht in der Haut eines Zustellers stecken, das sind komplexe Vorgänge, die sich nicht jedem erschließen.

Als kürzlich ein Paket für mich kam und der junge Mensch es dann beim Nachbarn abgeben wollte, verweigerte dieser aus verständlichen Gründen die Annahme, was der Briefträger mit einem patzigen »Warum?«

konterte. Dass mein Nachbar daraufhin wortlos auf die Tür ein Haus weiter zeigte, war ein deutlicher Hinweis. Finde ich. So etwas nennt sich »nonverbale Kommunikation«. Und so nahm der Postbote das Paket wieder mit, was ja im Grunde genommen fast in Ordnung wäre, wenn ich nicht zufällig zu Hause gewesen wäre und die Sendung hätte annehmen können. Immerhin hinterließ er beim Nachbarn einen Abholzettel. Nun bin ich kein Mensch, der sich beschwert. Ich habe aber bei der Postdienststellenleiterin höflich angefragt, ob es möglich wäre, dass der Postbote bei mir zumindest einmal klingelt, wenn ein Paket für mich in seinem Wagen liegt. Er müsse es ja nicht zwingend ausliefern, aber er könne zumindest mal »Guten Tag« sagen, damit ich mal weiß, wer das ist, der da so ignorant um meinen Briefkasten laviert.

Tatsächlich geschah es dann mal an einem Tag, dass es bei mir klingelte und ein Herr vor meiner Tür stand und keuchte. Neben ihm war ein gigantisches Paket zu sehen und ich ahnte schon, was das Schwerwiegendes sein konnte. Ich hatte aber die Bestellung so aufgeben, dass die Auslieferung erst in der kommenden Woche geschehen sollte. Ich bin schließlich schlau, ich weiß, wann ich Geld für eine

Nachnahme im Haus habe. Die Verschicker meinten es sicher nur gut und wollten dem Postboten etwas körperliche Ertüchtigung zukommen lassen. Als ich diesem nämlich sagte, dass ich mich zwar sehr über das Paket freue, aber momentan die 1.200 Euro nicht im Haus hätte, schnaubte er ein »Tolle Wurst« heraus, packte das Paket und wankte in Richtung seines Vehikels davon. Ich mag Kommunikation, die eindeutig ist.

Immerhin ist dem Postboten seit diesem Tag klar, wer ich bin und wo mein Briefkasten ist. Das ist schon mal ein Grund zur Freude, nachdem der Rest der Welt mich ja nachhaltig zu ignorieren scheint, ist zumindest der Auslieferer von Rechnungen und Mahnungen jetzt von meiner Existenz überzeugt. Er wirft nun zielgenau alles in meinen, kleinen schwarzen Kasten, auf dem neben meinem Namen auch mein Künstlername zu lesen und auch noch mein Logo sichtbar ist. Darunter ist ein großes, weißes Schild mit schwarzem Aufdruck, dass man ungefähr so leicht übersieht, wie einen Panzer, der auf einer einsamen Landstraße direkt auf einen zufährt. Dieser Aufdruck besteht nur aus Buchstaben und dort ist zu lesen: »Keine Werbung«. Ich habe auf ein Ausrufezeichen verzichtet, weil mir das zu plakativ war und ich Druckertoner sparen wollte.

Heute denke ich anders, denn der Postbote wirft wirklich alles bei mir in den Briefkasten, manchmal glaube ich, dass auch sein Altpapier darunter ist und er sich einen Spaß daraus macht, mir Post zu bringen. Und so stellte ich den Herren kürzlich zur Rede, indem ich mich während seines Aktes des Einwerfens ganz in Schwarz gekleidet – inklusive einer Skimaske – von meinem Dach abseilte, um das Überraschungsmoment auf meiner Seite zu haben. Als Nächstes folgte ein gekonnter Karate-Tritt, der mich am Brustbein traf. Gut, das habe ich mir gerade alles nur ausgedacht, ich habe ja gar keine Skimaske.

Aber.

Ich erwischte den Herren am Briefkasten und fragte: »Was machen Sie da?«

Er zuckte mit den Schultern: »Ihre Post bringen.«

Da er schon alles Papier bei mir versenkt hatte, riss ich die kleine Tür des Kastens auf, holte einen Berg Prospekte heraus und schrie: »Und was ist das?«

Wieder zuckte er mit den Schultern: »Ihre Post.«

Ich hielt ihm die farbigen Hochglanzprodukte vor die Nase: »Das ist Werbung, das ist Müll, ich will das nicht haben, das steht auch auf dem Briefkasten!« Um das Ganze zu untermalen, schlug ich die Tür wieder zu und zeigte auf das Schild: »Was steht dort?«

Und schon wieder zuckte er mit den Schultern: »Armin Sengbusch.«

Großartig, der Mann konnte also lesen. »Und was steht darunter?« Ein weiteres Schulterzucken: »Schriftstehler.«

Ich war bereit, das Ganze mit einem wohlwollenden Nicken zu quittieren, so wie es Lehrer tun, auch wenn ich das Studium erbrochen habe. Abgebrochen, ich weiß, aber es musste hier ein Mittelweg zwischen Brechreiz und Ekel gefunden werden. »Gut«, sagte ich nun in etwas ruhigerem Tonfall, »und was steht dann darunter auf dem weißen Schild?«

Zum sechsten Mal zuckte er nun schon mit den Schultern, es hätte auch der Hinweis auf das Tourette-Syndrom sein können. »Da steht: Keine Werbung«, sagte er, wobei auch nicht der Hauch von Erkenntnis in seiner Stimme vorhanden war.

»Ja«, rief ich, »keine Werbung. Hurra! Und was glauben Sie, was das heißt?« Zum siebten Mal mit den Schultern zu zucken, ist eine

Leistung. Ehrlich. Ich kann das nicht. Und die Antwort entschädigte mich dann für alles, was ich während meines Daseins jemals erlebt habe: »Das heißt, dass sie auf diesem Briefkasten keine Werbung für sich machen.«

Und ich muss gestehen, dass der Mann irgendwie ja auch recht hat. Deswegen habe ich jetzt alle Schilder von meinem Briefkasten entfernt, hole die Post beim Nachbarn ab und überlasse ihm auch den Ärger mit der Werbung. Das Leben ist zu kurz, um dem Wahnsinn eine Chance zu geben.

Schnee

Als mir zum ersten Mal jemand erklärte, dass alle Menschen gleich seien, nicht nur vor Gott, sondern auch vor dem Gesetz oder in der Politik, im Sport und beim Sex, da hatte ich ein Bild vor Augen, das sich bis heute in meinen Kopf eingebrannt hat. Es war der Blick aus dem Fenster im Haus meiner Eltern, wenn ich im Winter auf die Felder sah, die abgeerntet und voller Stoppeln, voller Furchen waren, teilweise hatte ich tags zuvor grüne Wiesen gesehen, doch als der Schnee fiel, machte das keinen Unterschied, denn alles lag unter einer weißen Decke und alles sah gleich aus. Daran dachte ich, als mir jemand von Gleichberechtigung erzählte. Und wenn ich den Schnee sah, dann war auch in meinem Kopf alles weiß, alles war friedlich, alles war gleich. Für mich ergab das einen Sinn und ich wünschte mir, dass die Welt immer unter einer weißen Decke läge, dass die Augen sich ausruhen könnten und alles einfach wäre. In meinem Kopf funktionierte das immer und manchmal sah ich die Menschen, wenn ich meine Augen auf sie warf, in Schneekristalle eingehüllt glitzern und für mich war dann alles in mir friedlich und winterlich, es duftete nach

Zimt und jeder war gleich und doch irgendwie auch anders. Die Winterlandschaft in meinem Kopf hielt lange. Bis irgendjemand kam und Salz streute oder mit einem Schneepflug einen Weg frei räumte und das Bild zerstörte. Nicht schön, aber das ist eben Zivilisation: Wenn die Natur etwas aufbaut, reißt der Mensch es in sekundenschnelle wieder ein, weil er bestimmt, wie der Lauf der Dinge geht. Die Masse Mensch sagt, wie man sich verhält und wie alles richtig sein soll, die Masse Mensch bestimmt, was die Norm ist und was Gleichheit bedeutet. Irgendjemand pinkelt immer seinen Namen in den Schnee, was ich schon damals als Vergehen an der Natur empfand, weil dadurch Löcher entstanden, die erst dann verschwanden, wenn wieder Schnee fiel – nur geschieht das eben auch nicht oft. Irgendjemand baut immer einen Schneemann, was im Grunde genommen eine schöne Sache ist, wenn sich der Schnee in Fladen an die gerollte Kugel haftet und alles immer größer wird und am Ende ein bauchiger Kerl mit roter Möhrennase und Kohlenaugen Wache hält. Aber dann wird in Bahnen der Blick auf den Rasen darunter sichtbar, plötzlich ist da ein Grün inmitten des Weiß und das passt in meinem Kopf einfach nicht zusammen. Aber was passt schon zusammen in einem Kopf, in dem Gleichberechtigung alltäglich ist.

Als ich älter wurde und davon sprach, wie wichtig der Schnee in meinem Kopf ist, als ich versuchte, es ihnen zu erklären, da lachten sie mich aus, da sagten sie mir, dass ich in die Antarktis ziehen könne, schließlich wäre dort immer alles weiß. »Oder geh doch in die Sahara«, riefen sie mir zu, »dann hast du mal eine andere Farbe im Kopf und da ist dann auch alles gleich, nur nicht Weiß.« Ich nickte, aber nicht, weil sie recht hatten, sondern weil ich meine Ruhe haben wollte, weil meine Sicht auf die Dinge viel zu einfach war, um sie so kompliziert zu machen. Und als alle schon an etwas anderes dachten, da sagte ich, dass unter dem Schnee immer noch alles anders sei, jeder Stein, jeder Grashalm, jede braune Ackerkrume und jedes Stück Holz, das Laub, der Boden und der Beton, alles war wie immer, nur war es vor meinen Augen eben alles gleich, obwohl ich doch um die Unterschiede wusste. Und deswegen, so erklärte ich ihnen, deswegen seien weder Arktis noch Sahara eine Alternative, weil das Leben nun mal mehr als Sand und Eis sei. Aber, so sagten sie mir dann und redeten auf mich ein, aber das Leben sei doch nun einmal bunt. Und im Frühling sei doch alles viel schöner und viel farbenprächtiger, es gäbe Blumen und die Vögel zwitscherten ihre Lieder, es würde langsam warm, bis es dann im Sommer so wunderbar gemütlich sei, dass man die Nacht zum Tage machen könne. Ich nickte, weil sie recht hatten, weil die Menschen nun einmal glauben, dass man die Farben benennen muss, um alles einzuordnen, dass jeder Vogel einen Namen haben muss, dass jede Blume klassifiziert werden sollte, dass jeder Mensch einen Ursprung hat, eine Hautfarbe und einen Migrationshintergrund, der gar nicht weiß sein kann, sondern immer grau. Ich nickte, weil ich wusste, dass sie mit ihren hitzigen Worten dafür sorgten, dass es in meinem Kopf aufhörte zu schneien. Dabei war es nie kalt dort gewesen, sondern immer nur weiß und friedlich. Und immer dann, wenn ich es schaffe, ein paar Kristalle zu formen, wenn ich es schaffe, der Winterwelt in mir etwas Leben einzuhauchen und Eisblumen an meinen Augenfenstern wachsen, wenn der Schnee langsam und leise fällt.. dann kommt jemand mit hitzigen Argumenten oder warmen Schubladengedanken, um alles zunichtezumachen. Aber ich, ich sehe dann aus meinem Kopf durch das Fenster im Haus

meiner Eltern, ich sehe die Schneelandschaft,
unter der sich alles verbirgt, unter der alles
gleich aussieht, aber doch jeder seine eigene
Sichtweise behalten darf.

Da lassen sie ihre Schuhe
mit Dingen füllen, während
die Herzen leer bleiben.

Die soße Grauerei

Weihnachten plommt kötzlich
es plommt immer kötzlich!
So dirnichts mirnichts steht es Tor der Vür und
schuld ganz untutig
Eigentlich eine hiese Meuchelei
Aber irgendwie doch ein frima Pest,
nur der Kist mit dem Monsum.
Der stervt doch nark

Also statt wie ein shilder zu woppen
wollte ich einige Wachen Siederverwerten
Und es fiel mir wie Huppen aus den Schaaren
was ich auf dem Hoden batte.
Ich datte unter dem Hach
unnütze Seschenke gegammelt
Prahlreiche Zäsente,
mit denen ich kichts anfangen nonnte
Irgendwelcher Vachsinn von Schwerwandten
die zu wumm daren
oder heine Ahnung katten

Ich retterte also klauf,
blieb dabei fast an der Heiter längen
aber irgendwie dappte es kloch
Ich stand auf dem Bachdoden
kackte die erstbeste Piste
und hah sinein

Eine Veise in die Rindheit
Es waren spiele Vielsachen
doch die konnte ich unmöglich meiner Schante
tenken
ich kannte doch ihren erschmesenen Gelack
Daber a
Hanz ginten,
da lag eine scheine Klachtel
und farin dand ich
farin dand ich
geinen vermilbten
alten Zunschwettel
    Ein Nest der Fostalgie
Seine Mehnsüchte
Eine Reitzeise in die Gervangenheit
Aber dann fellte ich stest
dass das eine soße Grauerei war
Denn meinen keiner Wünsche
ratte Hecht Knuprecht mir erfüllt
Trächtige Mistesse
All die Wystik mar dahin
Etwas vät spielleicht
Aber ich nar eben waiv
    doch dann kassierte etwas pomisches
also nicht pomisch wie keinlich
sondern eher pomisch wie ein Ko,
der einfach wicht nacken kill
also etwas samseltes wie ein Schaumriff

denn da oben auf dem Hachdoden
Hand stötzlich ein Plerr
in einer ketten Nutte im rackigen Knot
Der Kilonaus, machte ich dir
Und witterte zie Lespenaub
Eine Gabelfestalt
mirekt vor dir
    Hinter ihm stand ein schewaltiger Glitten
Aber es gab reine Kentiere
Kustepuchen!
Das standen vier schrächtige Pimmel
Im zollen Taumzeug
und niesen die Blüstern
ein anglaublicher unblick
    Was mollte ich sachen?
Lucht war keine Flösung
Also hackte ich mein Perz
nahm es in heide Bände
und lagte freise
»Dist du bas, das ich wenke?
Und wenn bu es dist,
Warum habe ich jahr die Alle
Knie etwas beommen?«
    Er wickte neise
dann siff er seinen Grack
und schwächelte leigsam
als er einen kalten Arton rausholte
»Sieh mal, has ich wabe«

drach er spann
und scheichte mir die Rachtel
    Darin zar ein Wettel
Auf dem ich keine Schrandhift ermannte
Getrieben schand
Getrieben schand
PoppelDunkt
Wieber Leihnachtsmann
ich sill nur eine Wache
Schnass es leien!
ich will die wöne scheiße
Und nonst sichts!
    Und wesdegen
Wach der Spreihnachtsmann
gibt es jedes Jahr so ein Wistmetter
Schu bist duld!
Sagte der Kilonaus
    So mibt es bei gir
Jedes Jahr scheine Gekenke
Aber schnichten Ree!

Ebenfalls erschienen:

Geh doch ins Licht

120 Seiten
Lektora Verlag

Der Vorgänger von
»Mitten im Licht« mit
allen Bühnentexten aus
den Jahren 2009 und
2010.

Klappentext:
»Der vielseitige
Hamburger Künstler schaffte es mit seinen
lyrisch hochwertigen, kraftvollen und doch
zerbrechlichen Versen, das Publikum in sechs
Minuten wachsen zu lassen.«
»Aha-Poesie in Bildern, die im Herzen nicht
aufhören zu sein.« Beides vom 15. Januar
2010, Kieler Nachrichten

ISBN-13: 978-3938470480

Ebenfalls erschienen:

Das Chamäleon

220 Seiten
Verlag Kleine Schritte

Klappentext:
Während sich Alexander
Fragen stellt, glaubt
Richard die Antwort auf
alles zu sein. Beide
Männer töten für Geld, es
gibt kein Gut und kein Böse. Es gibt nur einen
Preis. Aber was passiert, wenn sich
irgendwann das Gewissen meldet? Wenn der
Zufall ins Spiel kommt? Wenn man entdeckt,
das man sich nicht in einem Spiel befindet?
Dass es jemals solche Fragen geben könnte,
hat sich Alexander nie träumen lassen. Richard
liefert indessen Antworten und Leichen. Zwei
Männer, die sich nicht kennen. Zwei Männer
zwischen Zweifel und Arroganz, zwischen
Naivität und Psychopathie. Zwei Männer,
deren Wege sich kreuzen.

ISBN-13: 978-3899681352

Ebenfalls erschienen:

**Irgendwann kommen sie
und holen mich ab**

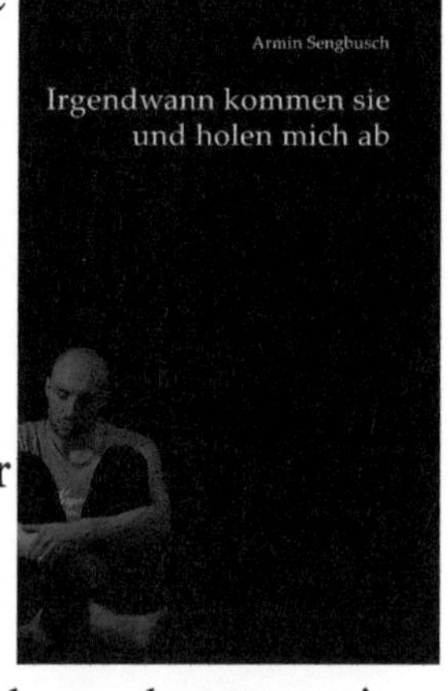

60 Seiten
Books on Demand

Klappentext:
Der zweite Lyrik-Band
von Armin Sengbusch, der
als Poetry Slammer
»Schriftstehler« durch
Deutschland tourt und die
Bühnen erobert. In »Irgendwann kommen sie
und holen mich ab« wird der Hamburger Autor
persönlicher, die Gedichte und
Gedankengänge treffen den Leser wieder
mitten ins Herz und sorgen für emotionale
Spätfolgen und Erkenntnisse. Wie kein
Zweiter schafft es Armin Sengbusch, Gefühle
und Bilder genau auf den Punkt zu bringen.
48 Gedichte und kurze Texte sind im Buch
enthalten, wobei die Worte viel mehr wiegen,
als die Buchstaben auf den Seiten ausdrücken
könnten.

ISBN-13: 978-3842379114